Scrivere la Tesi

Paolo Biffis

Paolo Biffis

Scrivere la Tesi

Quinta edizione, Maggio 2014

Università Ca' Foscari, Venezia

Avvertenze
Dopo una rapida lettura, questo opuscolo andrebbe consultato da chi voglia scrivere un testo con metodo: ciascuno potrebbe cioè leggere soltanto la parte di maggiore interesse in relazione ai propri obiettivi. Ad esempio, chi deve scrivere la Prova finale per il Diploma triennale potrebbe tralasciare il cap. 2, più adatto a chi deve scrivere la Tesi di Laurea o di Dottorato.

Riconoscimenti
Questo lavoro si avvale dei contributi critici di diversi colleghi, la cui numerosità è diventata troppo elevata per rischiare un elenco che risulterebbe comunque parziale, oltre che delle revisioni suggerite da diversi amici, dottorandi, laureandi e studenti.
L'*editing* si avvale di LATEX 2$_\varepsilon$, dei consigli reperiti nel forum del gᵤIt (Gruppo Utilizzatori Italiani di TEX: *http://www.guitex.org/*), e del generoso lavoro di Lorenzo Damiani che ha predisposto il preambolo del file.

Errori e carenze sono imputabili esclusivamente all'Autore che ringrazia fin d'ora per qualsiasi segnalazione utile a migliorare questo testo.

EIF-e.Book (*www.eifebook.com/*) – ISBN 978-88-96639-20-7
1ª ed.: Gennaio 2007; 5ª ed.: Maggio 2014

Indice

Introduzione   1

1   **La research question**   9

2   **Richiamo al metodo**   15
   2.1   Esempio: VaR e simulazioni.   24

3   **Scrivere**   27
   3.1   Linguaggio   29
   3.2   Consultare le fonti   30
   3.3   Tutorship   33
   3.4   Introduzione e Conclusione   35
   3.5   Forma del testo   35
       3.5.1   Note e Citazioni   38
       3.5.2   Tabelle e Figure   42
       3.5.3   Riferimenti bibliografici   43
   3.6   Dimensioni e miglioramenti   43

4   **Valutazione e aspetti organizzativi**   45

Riferimenti bibliografici   49

Indice analitico   51

Introduzione

L'utilizzo di elaborati scritti come metodo per esprimere il proprio pensiero e sottoporlo a critica è indispensabile per la formazione superiore ed è insostituibile dal punto di vista formativo.

La 'Tesi' è un testo che ha lo scopo di consentire la valutazione della capacità del candidato di esprimere per iscritto il proprio pensiero e di sottoporlo a critica: deve pertanto essere redatto con metodo. Si richiede la dimostrazione di possedere capacità di sintesi e di argomentazione nell'affrontare una questione. Elementi essenziali della valutazione sono la capacità di afferrare il problema, di selezionare e di trattare le informazioni rilevanti, di darne conto con adeguata forza logica, eventualmente di proporre originali ipotesi risolutive o di confutare, alla luce di fatti ben vagliati, ipotesi che non reggono.

Nel caso della laurea magistrale, la Tesi concorre a formare la valutazione finale; nel caso del Dottorato di Ricerca, è l'elemento che deve dimostrare l'attitudine scientifica del candidato.

Scrivere la Tesi può essere un impegno gravoso, anche nel caso più elementare della stesura della Prova finale richiesta per il diploma triennale. Sempre impegnativo, ma più gravoso, è l'onere per i dottorandi i quali, pur avendo maggiore dimestichezza con la stesura di testi, sia perché già laureati sia perché devono periodicamente presentare elaborati scritti, hanno anche il compito di esplicitare il programma di ricerca che si propongono, il metodo adottato e i risultati raggiunti.

Come qualsiasi scritto, anche la Tesi è un lavoro creativo e molto personale che segue percorsi difficilmente ipotizzabili o inquadrabili in schemi di riferimento precostituiti: per questo rimane sempre molto difficile dare consigli. Tuttavia questo opuscolo non ha soltanto lo scopo di suggerire parametri e procedure utili a chi deve scrivere un lavoro con metodo scientifico, ma ha l'ambizioso obiettivo di sviluppare la consapevolezza dell'importanza di scrivere una Tesi, indipendentemente dal livello degli studi che si stanno per concludere.

Considerare la stesura della Tesi una mera tappa obbligata verso il conseguimento di un titolo di studio, infatti, non ne coglie l'aspetto essenziale: si tratta infatti di una delle rare occasioni che si presentano allo studente per condurre una riflessione autonoma e individuale, unica ed irripetibile, intorno ad un tema di ricerca. Questa occasione andrebbe colta appieno perché, probabilmente, non si presenterà più la possibilità di confrontare liberamente il proprio punto di vista con un'altra persona, il tutor. Liberamente, cioè senza che da questo confronto derivino ripercussioni sulle vicende umane successive: non sarà tempo sprecato avere avuto la possibilità di misurare la differenza fra un confronto di idee libero e un confronto di idee mediato da interessi professionali.

Ne segue che cimentarsi nella stesura della Tesi serve ad imparare a ragionare con la propria testa intorno ad un tema in parte oscuro, ad esprimere il proprio pensiero in forma scritta, a sostenere un'opinione argomentando in modo stringente e convincente e, dunque, serve ad imparare a stendere documenti, relazioni, resoconti, piani e progetti di lavoro, ecc. la cui utilità diviene sempre maggiore in ambienti sistematicamente soggetti a cambiamenti.

L'osservazione che oggi, presso qualsiasi azienda, la comunicazione scritta vada assumendo un rilievo sempre maggiore, data la diffusione della posta elettronica e delle intranet, rafforza l'esi-

genza di disporre della capacità di ragionamento e della capacità
di comunicarlo attraverso scritti, invece che attraverso immagi-
ni; tramite frasi compiute piuttosto che attraverso sottintesi. La
necessità di comunicare punti di vista in modo conciso e appropriato, la domanda di chiarezza, di tempestività e di lucidità nella
comunicazione che si richiede in questi anni è forse inedita: si sta
velocemente generalizzando presso tutte le comunità e le associa-
zioni più o meno organizzate, tende a coinvolgere un numero crescente di soggetti, ad interessare tutta la piramide organizzativa,
a coinvolgere chi desidera farsi coinvolgere lasciando ai margini
gli altri, ad accentuare la possibilità di partecipare ai processi di
formazione dell'opinione corrente e ai processi decisionali.

La comunicazione scritta può dunque rappresentare un'opportunità per far emergere la propria opinione, il proprio contributo operativo e professionale.

Nella comunicazione testuale e non visiva, inoltre, fa premio
l'essenzialità del linguaggio: pur accattivante e piacevole, esso
non deve andare a scapito della chiarezza e della precisione. In
un ambiente ove l'interazione fra persone avviene con comunica-
zioni testuali che lasciano traccia e che possono circolare a nostra
insaputa si accresce l'esigenza di 'pesare le parole' e di saper comunicare il proprio pensiero, il proprio punto di vista, in modo
chiaro, facilmente leggibile e decodificabile non solo dal nostro
interlocutore originario ma da chiunque possa essere interessato all'argomento. Tutto questo viene agevolato dalla curiosità di
ciascuno per l'argomento da trattare, per l'interesse che esso può
suscitare, per le implicazioni che può avere nell'ambiente circo-
stante, per gli elementi innovativi che introduce; si potrebbe dire,
in sintesi, che l'argomento dovrebbe comprendere dimensioni di
un qualche fascino, almeno per chi lo affronta.

In definitiva gli elementi preliminari sono i seguenti:

- ripescare i vecchi libri dove si sono imparate la grammati-
  ca e la sintassi della lingua italiana. Questo passaggio può
  sembrare molto oneroso; in realtà, nel giro di poche ore si riporta alla memoria un patrimonio conoscitivo che sembrava
  perduto. Rivisitato con la mente più matura, esso apporta

sensibili miglioramenti al nostro modo di comunicare per iscritto;

- *studiare* ma, soprattutto, *consultare* questo opuscolo, tenendo conto che dopo la prima lettura restano poche cose essenziali. Altre informazioni si colgono con consultazioni successive, soprattutto quando si cerca qualcosa; per questo motivo è utile tenerlo a portata di mano (su disco o su supporto cartaceo) e utilizzare gli Indici.

- circoscrivere con sufficiente precisione l'argomento da studiare;

- dotarsi di un vocabolario recente e di un dizionario dei sinonimi e contrari[1]

La quarta edizione di questo lavoro apporta alcuni miglioramenti e affinamenti al testo ed elimina i suggerimenti in tema di utilizzo dei *wordprocessor* (wp), data la ormai diffusa ed esauriente quantità di *help on line* che li accompagnano. Si inseriscono invece qui di seguito alcune informazioni relative all'utilizzo dei *software* (sw) per comporre la Tesi.

Si ricorda, anzitutto, che accanto alla costosa *suite* Office di Microsoft, esiste la *suite* OpenOffice (*http://www.openoffice.org/*) di Oracle, gratuita e *open source*; a quest'ultima si affianca la ancora più libera LibreOffice nata da una biforcazione del progetto OpenOffice (*http://www.libreoffice.org/*).

I wp citati e quelli simili appartenengono tutti alla categoria dei wp *visuali* [7] o *sincroni* [2]. Essi, come è noto, reagiscono im-

---

[1]Fra le diverse opportunità gratuite on-line [ultime consultazioni, febbraio 2014], oltre a Wikipedia che va consultata solo in lingua inglese e comunque con cautela, si vedano:
– il sito della Treccani (*http://www.treccani.it*), con la famosa enciclopedia e il dizionario;
– il Garzanti Linguistica (*http://garzantilinguistica.sapere.it/*): registratisi e attivato un proprio *account*, si possono consultare gratuitamente tre diversi dizionari: italiano (coniugazione dei verbi, sinonimi e contrari), italiano–inglese (tavola dei verbi, pronuncia e 'falsi amici') e italiano–francese (verbi e pronuncia).

mediatamente all'attività del tastierista e producono documenti WYSIWYG (*What You See Is What You Get*) senza alcuna mediazione di altro sw: in mancanza di un loro utilizzo molto avanzato, che richiede un non trascurabile periodo di apprendimento, essi producono documenti scarsamente professionali e, spesso, decisamente grezzi. Questi wp infatti inducono il tastierista a pensare che quanto si vede a video, si vedrà pure sulla carta: in realtà la formattazione del testo non è sempre facile, soprattutto per quanto riguarda gli oggetti mobili (tabelle, figure, note, ecc.). Né, a migliorarne la qualità, sopperisce la loro trasformazione in .pdf: anzi, la trasformazione immediata in .pdf che avviene al di fuori del sw di Adobe consente di evidenziare proprio la scarsa qualità del sorgente, qualsiasi sia il wp visuale utilizzato.

Gli studenti hanno la massima libertà di avvalersi dell'uno o dell'altro wp perché la qualità tipografica dello scritto rimane in capo alla loro personale responsabilità, dato che non contribuisce a migliorare il contenuto della Tesi ma soltanto la sua leggibilità; ma i dottorandi dovrebbero utilizzare LaTeX 2_ε (così si indica la versione più recente di LaTeX che è in continua evoluzione e miglioramento.).

La leggibilità di un testo dipende, oltre che dal corretto utilizzo della lingua italiana, anche da un equilibrato mix fra contenuti e presentazione del documento stampato: ad esempio, in caso di stampa fronte-retro e di rilegatura con anelli di plastica, sarà necessario tenere conto che il margine interno dei fogli richiede adeguati spazi, pena la diffcioltà o addirittura l'illeggibilità di alcune parti del documento. Sarà perciò necessario adottare un layout, peraltro facilmente reperibile on line, compatibile con questa esigenza ma che richiede comunque un'adeguata attenzione e quindi del tempo prezioso. Analogamente l'indice, il numero di righe per pagina, ecc. (v. *ultra*, § 3.6) che consentono al lettore di non affaticarsi per leggere il contenuto: si abbia sempre presente la possibilità di dover presentare la Tesi a terzi per una selezione, un concorso, un colloquio, per completare una *application*, ecc.

La produzione di documenti professionali si realizza meglio tramite i sw asincroni.

Fra questi, LATEX 2_ε (*http://www.latex-project.org/*), che discende da TEX (*http://www.tug.org*), molto diffuso fra le comunità scientifiche, gratuito e *open source*. Si tratta di un sw asincrono, cioè di un sw che richiede, dapprima la stesura dello scritto in 'puro testo' (un esempio di 'puro testo' si ha con TextEdit, in dotazione di qualsiasi macchina e che produce file .txt) cui si aggiungono alcune istruzioni (denominate *mark up*): dopo averlo scritto (o, meglio, composto tipograficamente) il documento viene 'dato in pasto' a LATEX, cioè viene fatto 'leggere' e 'tradurre' da un piccolo insieme di altri sw che ne curano la formattazione sulla base delle istruzioni ricevute e contenute nel testo originario (il sorgente). In pochi secondi si ottiene a video un *output*, cioè un file .pdf (un pdflatex) il quale, oltre ad avere connotati professionali, è identico a quanto si vedrà sulla copia stampata. Il che accade perché i sw che hanno 'letto' e 'tradotto' il file sorgente sono in grado di produrre file .pdf analoghi a quelli prodotti con il Distiller, il costosissimo sw di Adobe.

LATEX dunque non è soltanto un programma di elaborazione di testi, ma un vero e proprio sw di composizione tipografica.

In questo caso però è la curva di apprendimento ad essere un po' ripida e a richiedere quindi del tempo prezioso (ma forse minore di quanto richiesto per un utilizzo avanzato di un software sincrono); vi sono tuttavia molte guide gratuite on line (per l'Italiano, si veda GuIt (*http://www.guitex.org*) [2], [9]): il risultato finale è impareggiabile. Si confronti questo documento con un documento composto con un wp visuale.

Il sw, multipiattaforma (quindi per i tre sistemi operativi maggiormente diffusi: Windows, Mac e Linux), si preleva gratuitamente dalla TEXLive (*http://www.tug.org/texlive/*) e si installa abbastanza agevolmente e quasi automaticamente sulla macchina; la TEXLive comprende anche TEXworks, l'editor multipiattaforma ora di default e di facile comprensione (eventualmente si veda la guida di E. Gregorio [8]). Tutti i software contenuti nella TEXLive sono gratuiti.

Merita aggiungere ancora due informazioni:

1. uno dei problemi consiste nel memorizzare i *mark up*, le istruzioni da inserire nel testo perché LaTeX riconosca quello che deve fare. Tale memorizzazione non è particolarmente difficile; comunque possono risolvere almeno in parte questo problema la disponibilità di diverse *app* gratuite da inserire nel proprio smartphone per rammentare sia le istruzioni più utilizzate, sia il funzionamento dei pacchetti più diffusi (cioè i pezzi di sw che consentono alle istruzioni di funzionare);

2. da alcuni mesi LaTeX è fruibile anche in *sharing*: la piattaforma *sharelatex* (*http://sharelatex.com/*) consente di condividere il medesimo documento senza dover installare il sw sulla propria macchina. Vi sono disponibili istruzioni e *templates*.

Tuttavia è conveniente installare il sw sulla propria macchina per testare le modifiche che si vogliono introdurre nel testo, in precedenza rispetto al momento in cui verranno inserite sulla piattaforma di condivisione e cioè nel *main.tex* di *sahrelatex*. Questa avvertenza evita di introdurre nel file condiviso errori tali da pregiudicare il proseguimento del lavoro a causa, ad esempio, dell'invisibilità del .pdf causata da errori sul sorgente.

Capitolo 1

La research question

La scelta dell'argomento, della *research question*, è questione importante perché consente di esercitare liberamente la propria facoltà di selezionare un tema: è un'occasione da non perdere perché in futuro questa facoltà sarà sempre più ridotta e condizionata.

L'argomento può essere individuato cercando di ripercorrere la propria carriera universitaria, ripensando ai temi più stimolanti, facendo emergere curiosità e interessi, favorendo le proprie propensioni culturali, ecc. In sostanza si tratta di far emergere un'*idea* che riassuma, in estrema sintesi, la ricerca che si vuole compiere. La scelta può essere agevolata dalla lettura critica dei libri di testo, di saggi su riviste, dalla partecipazione ai vari seminari che si tengono presso i Dipartimenti dell'Ateneo.

Spesso l'argomento viene concordato fra tutor e studente; più raramente lo studente ha la fortuna di dover studiare un argomento che interessa anche il tutor. In quest'ultimo caso si ha l'occasione di condividere un problema da risolvere.

È abbastanza difficile che uno studente si preoccupi della Tesi nel corso dei propri studi; perde così l'occasione di selezionare gli argomenti che più interessano. Ma si può recuperare la situazione osservando con un'attenzione diversa i libri di testo utilizzati durante il percorso curricolare: essi divengono ora utili strumenti di consultazione; sono, di regola, il punto di partenza di ogni ricerca; vi si potrebbero trovare i primi elementi bibliografici; possono fornire utili spunti per isolare la *research question*. Anche la Guida dello Studente può essere osservata meglio: si vedrà che molti libri di testo o indicati fra le letture consigliate nei diversi programmi di insegnamento, possono essere utili strumenti per iniziare. Infine, è utile avvalersi delle fonti rese disponibili in biblioteca e sul web. Il tutor sarà l'interlocutore principale nella scelta delle letture dalle quali partire.

Fissata un'idea, una pur generale *research question*, la ricerca inizia consultando i libri o i saggi più recenti: aiutandosi con le note e con i riferimenti bibliografici che vi si trovano, si risale ai lavori via via più vecchi. Tende così a svilupparsi una bibliografia che si espande: all'inizio, sembra incontenibile. Ciò è dovuto a due elementi: l'inesperienza e la probabile genericità del tema iniziale. Per delimitare il campo di indagine e per arginare la quantità di riferimenti bibliografici, bisogna passare da un argomento generico ad un argomento generale e da questo ad un argomento specifico.

Diviene necessario, cioè, passare dall'idea all'ipotesi di lavoro: fissarla in modo il più possibile chiaro, scriverla in poche frasi e discuterla con il tutor. Successivamente può tornare utile stendere un breve progetto (una o due cartelle) nel quale si definiscono il problema e lo scopo della ricerca (anche in forma di domande retoriche esplicite), delineando così uno schema di svolgimento del lavoro, facendo riferimento ad alcune opere principali che corroborano e/o che confutano il nostro attuale punto di vista (che, per il momento, è un pre-giudizio). Cercare di includere alcuni riferimenti a libri o saggi che sviluppano un'ipotesi alternativa, complementare o contraria. Indicare se si ritiene necessario effettuare ulteriori ricerche su aspetti singoli per poter perimetrare il tema con maggiore chiarezza.

L'ipotesi di lavoro è anche la Tesi, cioè l'idea che si pensa di essere in grado di illustrare, riassumere, sostenere o di criticare e che si spera di riuscire a chiarire a se stessi e agli altri.

Il progetto va formulato il più presto possibile. Partire con un'ipotesi precisa può aiutare a trovare la strada in mezzo alla grande quantità di letteratura economica che si trova sull'argomento, senza perdersi. I saggi che non sono centrati sulla Tesi possono essere molto interessanti e apportatori di idee: resta importante dosare l'attrazione verso mere curiosità che possono alimentare gratificazioni psicologiche di breve durata e l'obiettivo del lavoro.

La Tesi può esaminare un argomento, più o meno difficile, da diversi punti di vista tutti validi se adeguatamente supportati. Può anche mettere in evidenza tutte le questioni aperte o quelle che non hanno avuto una risposta soddisfacente. Una visione ampia ed articolata è sicuramente apprezzabile; tuttavia la Tesi è un lavoro di ricerca elementare che deve svolgersi in breve tempo e trattando un tema ben delimitato. Letture di più ampio raggio non potranno che rimanere nello sfondo senza rimpianti.

Gli svariati argomenti oggetto della Tesi possono essere trattati seguendo diverse linee di ragionamento, spesso combinate fra loro. Ad esempio:

1. *cronologico*, come si fa spesso trattando argomenti con taglio storico ('Il debito pubblico in Italia nel periodo. . . ');

2. *spaziale* ('I disavanzi in eccesso in Italia, Francia e Germania nel 2010');

3. *causale* ('Le cause dell'eccesso del debito pubblico italiano');

4. *comparativo* ('La banca universale nel sistema bancario tedesco e nel sistema bancario italiano');

5. *sperimentale* e ipotetico quando si esaminano dati o evidenze empiriche variamente rappresentate (tabelle, stime, documenti) che corroborano o confutano un'ipotesi di partenza per passare ad una proposta interpretativa ('Dimensione di banca e sofferenze');

6. *logico–deduttivo* quando, da uno schema interpretativo, si passa a valutarne l'applicazione a casi concreti ('La teoria dei club e il sistema bancario italiano');

7. *descrittivo*, quando si vuole descrivere un fenomeno ('I fondi pensione').

A mano a mano che si procede, il progetto può essere cambiato o modificato: l'importante è tendere a migliorarlo, ad affinarlo in vista della Tesi da sviluppare. La letteratura esistente su un dato argomento diventa 'leggibile', o 'aggredibile', solo se si dispone di un punto di vista abbastanza preciso che consente di non perdersi nel mare (o nell'assenza) di contributi scritti. Cercare di *fissare il progetto in un buon titolo*, che esprima un punto di vista. Un buon titolo è la sintesi estrema di una *proposizione sintetica* (v. *ultra*, cap. 2, n. 4) ed è già un progetto il cui titolo può differire da quello 'ufficiale', necessariamente ancor più breve.

È forse utile ricordare, infine, che la Tesi tende ad essere un lavoro che viene preceduto da una ricognizione sullo 'stato dell'arte' intorno ad un determinato argomento: si tratta dunque di partire da un riassunto[1] della questione che si vuole affrontare. Diviene così più facile scegliere un percorso di ricerca e seguirlo senza farsi distrarre. È dunque molto utile fare quest'altro passo, apparentemente facile. Poggiare il riassunto sulle note a piè di pagina, consente al lettore di capire il percorso seguito e a chi scrive di individuare il bivio ove è stato eventualmente abbandonato, o dove si è perso, il sentiero principale per ritornarvi e riprendere la via giusta. L'ideale sarebbe procedere alla lettura ragionata dei documenti, accompagnandola con la stesura di appunti che riassumono i principali concetti.

Il riassunto è un passaggio importante perché insegna ad accumulare conoscenza sintetizzando il tema che si discuterà: il riassunto di un argomento consente di capire e di far capire se si è in grado di padroneggiare almeno i tratti salienti di un argomento. Padroneggiare un argomento vuol dire conoscerlo, averlo capito ed essere in grado di raccontarlo senza distorcelo a chi non lo conosce o non lo ha capito.

---

[1] Il riassunto tende a censire le idee o i punti chiave di quanto si legge e si riassume: annotare i riferimenti alle idee, ai punti chiave, alle pagine accompagnati da rapidi commenti può essere di estrema utilità.

Segnare sempre tutti i riferimenti bibliografici trovati nei libri, indicati a lezione, trovati leggendo qua e là, scorrendo indici di riviste, ecc. È utile mantenerli sempre in ordine man mano che si procede (autore, titolo, rivista, numero, data, luogo di pubblicazione, edizione originale, capitolo, pagine, collocazione presso la biblioteca, breve commento, ecc.). Si segnala che, alla fine del lavoro, la ricostruzione di questi riferimenti è difficile perché non è coerente con il metodo che si deve seguire, ove la bibliografia è elemento essenziale. È quindi molto utile costruirla e memorizzarla progressivamente.

Deciso l'argomento e il titolo, svolta la ricerca bibliografica di base e studiati i tratti principali, si procede alla stesura del *Sommario*, all'inizio molto articolato, cui tutto va sistematicamente riferito.

Il Sommario è un indice nel quale, accanto al titolo del capitolo e del paragrafo, si riporta l'oggetto che si intende sviluppare (evitando tutti gli aggettivi e gli avverbi, nonché le domande retoriche); si tratta dunque di un indice ove si sintetizza, accanto ai titoli dei capitoli o dei paragrafi, l'argomento che vi si tratta. È pertanto diverso sia dall'*Indice* che si trova subito dopo il frontespizio, ove si elencano i titoli dei capitoli e dei paragrafi senza commenti, sia dall'*Indice analitico* che si trova alla fine di un libro, ove si indicano analiticamente le pagine che si riferiscono ad argomenti specifici.

Procedendo in questo modo ci si chiariscono le idee e diventano più evidenti gli obiettivi del lavoro: il Sommario è una sintesi del piano di lavoro. Pur cambiando nel corso della stesura, esso consente allo studente e al tutor di avere in mente il tema e lo sviluppo dello scritto. Soprattutto quando se ne legge una sola parte, specie se relativamente breve, è utile avere la traccia del probabile sviluppo della tesi. Anche se alcune ipotesi saranno poi scartate non sarà fatica inutile essersi sforzati di capirle e di renderle comprensibili al lettore.

Il Sommario emerge da un esame della letteratura che aiuta a comparare i lavori di vari autori, a vedere come trattano il tema, a confrontare gli approcci per capire quale sembra il più promettente, quale attrae maggiormente, qual è quello più eterodosso, ecc. È da questa analisi che nascono le idee nuove: si può infatti osservare come nella letteratura consultata prevalga spesso la piaggeria, la ripetitività delle argomentazioni addotte, l'assenza di proposte eterodosse, di visioni originali che si discostino dall'opinione corrente e prevalente. È proprio da queste ultime osservazioni che nascono le innovazioni.

Capitolo 2

Richiamo al metodo

Il problema principale di qualsiasi lavoro condotto con metodo scientifico riguarda la distinzione fra descrizione e interpretazione: i fatti e i fenomeni si dovrebbero dapprima *osservare* e successivamente *interpretare*.

Osservati in momenti successivi, fatti e fenomeni vengono collegati fra di loro da una *teoria*: questa teoria sta a fondamento della nostra *interpretazione* su quanto osservato una sola volta, o in successione[1].

Lo strumento che si interpone fra l'osservazione dei fatti e la loro interpretazione è quella *teoria* che ci consente di individuare *relazioni causali* fra gli eventi osservati[2].

---

[1] Si tratta di alternare metodo induttivo e metodo deduttivo muovendo, *in primis*, da ipotesi di natura deduttiva volte ad interpretare i fenomeni indagati, oltre che le loro diverse relazioni e, successivamente, di riscontrare l'effettiva aderenza alla realtà delle ipotesi guida, in modo da poterne apprezzare il valore o il disvalore. Questo processo ha condotto alla solida costruzione teorica dell'economia aziendale di scuola italiana.

[2] Una *teoria* può essere *deterministica*, cioè rigorosamente universale e tale da non ammettere eccezioni, oppure *naturalistica*, che descrive cioè la regolarità e l'uniformità dell'esperienza e, riducendo le aspettative, favorisce la previsione e rende possibile l'azione.

Il concetto di *teoria universale* è stato più volte messo in discussione e, più recentemente, dall'evoluzionismo, dalle geometrie non euclidee, ecc.

Interpretare, piuttosto che *giudicare*, fatti e fenomeni osservati: il giudizio, infatti, è una proposizione che stabilisce la conformità o la difformità di una determinata situazione rispetto ad un modello, ad un comportamento (ad esempio a quello imposto da una norma giuridica, amministrativa, morale, ecc.).

Nelle scienze sociali[3], tuttavia, leggi, teorie, paradigmi, ecc. sono soltanto dei modi di dire perché non c'è modo di dimostrare o accertare in modo incontrovertibile una *proposizione sintetica* quali sono le teorie delle scienze empiriche: nelle scienze economiche, una teoria è, e resta sempre, una *proposizione fallibile*, cioè una proposizione sintetica, ancorché non *ingenua*[4].

---

[3]Nonostante l'enorme sviluppo delle scienze avvenuto a partire da Copernico (1473–1543) e Galilei (1564–1642) e alla evoluzione seguita a Darwin (1809–1892), Riemann (1826–66) e ad Einstein (1879–1955), si utilizza ancora la distinzione delle scienze nelle seguenti classi: *lettere e filosofia, scienze matematiche, fisiche e naturali, scienze applicate o empiriche*. Fra queste ultime si distinguono le *scienze sperimentali* (ingegneristiche, mediche, informatiche, ecc.) e le *scienze sociali* (economiche, giuridiche, politiche, ecc.)

[4]**Proposizione sintetica**: l'affermazione, apparentemente innocente, è in realtà carica di implicazioni perché oggetto di lunghe riflessioni filosofiche.

Le **proposizioni analitiche** si hanno quando ciò che è unito al soggetto è implicito nel soggetto stesso. Ad esempio, nella proposizione 'Il triangolo ha tre lati e tre angoli' i predicati ('tre angoli' e 'tre lati') sono impliciti nel concetto del soggetto ('triangolo') e la proposizione non ha bisogno di essere sperimentata.

Le **proposizioni sintetiche** delle scienze empiriche sono tali perché al soggetto è unito (cioè sintetizzato, nel senso di 'posto insieme') un predicato che: *i*) aggiunge qualcosa di nuovo al soggetto; *ii*) questo qualcosa non è deducibile dal soggetto stesso. Ad esempio, la proposizione 'Tutto ciò che accade ha una causa' è sintetica perché il predicato ('ha una causa') non è implicito nel soggetto, né è da esso deducibile: il predicato aggiunge qualcosa.

Bisogna allora cercar di capire da dove proviene questa aggiunta, questo attributo. La risposta può essere duplice:

a) proviene dall'esperienza, allora la sinteticità della proposizione connette un dato di esperienza (gli accadimenti) a qualcosa, a un dato che proviene anch'esso dall'esperienza;

b) precede l'esperienza e allora è una categoria dell'intelletto nel senso che è il nostro intelletto a ordinare i fenomeni, ad esempio secondo rapporti di causa ed effetto. In questo caso, la sinteticità della proposizione sta nell'unificare un dato esperienziale con qualcosa che è a priori, che esperienziale non è e che quindi andrà verificata con l'esperimento.

In entrambi i casi le proposizioni risultano sintetiche; nel primo caso si

Può essere utile ricordare che una 'teoria' è tanto più scientifica quanto più è in grado di descrivere *relazioni* fra eventi. Una relazione causale è individuata da quattro elementi:

1) *regolarità* (dati due eventi A e B, ogni volta che si verifica A si verifica anche B;

2) *contiguità spaziale*;

3) *successione temporale* (A precede temporalmente B);

4) *asimmetria* (A agisce su B ma B non agisce su A).

Bisogna notare che:

i) questi quattro elementi sono applicabili alle discipline della fisica e della chimica quando le variabili sono note o dipendono da fattori identificabili;

ii) il fatto che all'inizio si ipotizzi una relazione causale che viene successivamente (alla fine dell'osservazione) smentita, non inficia la scientificità del metodo adottato per descrivere la relazione.

Quando però si passa alle scienze sociali, come nel caso delle discipline economiche, ove si studiano prevalentemente fenomeni comportamentali, prevalgono variabili latenti e spesso scarsamente riconoscibili per cui le relazioni causali risultano di difficilissima ricostruzione: le responsabilità nella generazione dei fenomeni sono infatti condivise da molteplici fattori il cui peso relativo è largamente ignoto. In tal caso, allora, viene isolata la variabile che si ritiene abbia il maggiore contenuto esplicativo e

---

tratta però di una *proposizione ingenua* perché si pretende di confermare (corroborare) con un altro dato esperienziale, un'esperienza già nota e che si presume esaustiva di tutta l'esperienza passata, presente e futura.

Non possiamo cioè teorizzare (cioè affermare con certezza) che <tutti i cigni sono bianchi> perché è sufficiente la scoperta dell'esistenza di un cingo nero per falsificare la teoria. Ne segue che le teorie dominanti andrebbero confutate per scoprirne di nuove, più aderenti alla realtà, come ci ha spiegato K. Popper.

Il compito del ricercatore sarebbe così quello di accantonare le teorie dominanti per formularne di nuove, in un incessante e infinito processo innovativo. In realtà l'attività prevalente dei ricercatori non appare quella di attivare una visione critica dell'esistente, cioè quella di falsificare le teorie dominanti, ma quella di corroborarle come ci ha spiegato T. Khun [6].

se ne fanno discendere logicamente le conseguenze che spiegano
le relazioni fra eventi. Il punto centrale ruota dunque intorno al
contenuto esplicativo delle variabili prescelte e alla forza logica
della spiegazione che ne discende e che corrobora o che falsifica
la loro capacità di spiegazione.

L'importanza della spiegazione emerge con forza di fronte al
problema di spiegare singoli eventi: la *spiegazione è un argomento logico che ha come premessa una teoria e alcune condizioni iniziali dalle quali si deduce logicamente l'interpretazione
dell'evento che si osserva.*

La teoria e le condizioni iniziali assumono, dunque, fonda-
mentale rilievo e non possono essere trascurate per formulare la
spiegazione.

Inoltre, se le relazioni fra eventi vengono confermate statisti-
camente, ciò significa che per esse si è accertata una determinata *frequenza*, giudicata soddisfacente. Una *teoria* che preveda
relazioni causali forti fra singoli eventi oggi, il più delle volte,
significa che, in un determinato ambiente e avvalendosi di determinati strumenti tecnici, si verifica un'alta correlazione fra classi
di eventi. Si è cioè di fronte ad una *generalizzazione statistica* la
quale peraltro non spiega, e non ha la pretesa di spiegare, tutte le relazioni causali. Anche le teorie si occupano di classi di
eventi ma, a differenza delle generalizzazioni statistiche, cercano
di individuare relazioni causali: una generalizzazione statistica,
pur valida nel cento per cento dei casi osservati, può non presentare alcuna relazione causale fra classi di eventi osservati perché il campione di riferimento, non esaurisce, per definizione la
casistica[5].

---

[5]Bisogna poi evitare di scegliere uno specifico *modello (teoria) di riferimento* isolando un *campione di riferimento* conformato in modo che le
componenti che lo riguardano possiedano proprio le caratteristiche assunte,
per semplice ipotesi, dalla teoria. Comportamenti simili conducono ad un
circolo vizioso ove l'evidenza empirica si trasforma in una implicita e tau-
tologica validazione della teoria stessa. Il campione andrebbe perciò scelto
in modo che le realtà che lo compongono presentino diversi e vari caratteri
in grado di validare o smentire le ipotesi sulle quali esso stesso si fonda. è
inoltre auspicabile che l'oggetto di ogni ricerca venga letto anche in chiave
evolutiva così da non limitare l'osservazione a ciò che *ora* appare visibile.

Anche nell'ambito delle scienze economiche ci si trova di fronte a classi di eventi ed è quindi utile avvalersi delle generalizzazioni statistiche; ma, da queste ultime, non si possono far discendere né relazioni causali fra classi di eventi né, a maggior ragione, fra singoli eventi. Nell'area scientifica dell'economia degli intermediari finanziari, ad esempio, è possibile giungere a generalizzazioni di tipo statistico relativamente alle relazioni finanziarie fra istituzioni, mercati e strumenti; esse non mostrano, tuttavia, la causa di tali relazioni e quindi solo raramente rappresentano delle teorie.

Analogamente con riferimento allo studio di singoli eventi, di singoli intermediari o ai cosiddetti *case-study* che rischiano sempre di generare proposizioni sintetiche ingenue e che, dal punto di vista scientifico, di regola non possono andare al di là di mere esemplificazioni.

Ciò che al più si può fare, infatti, è osservare le caratteristiche della realtà oggetto di studio per stabilire *analogie* e *conformità* rispetto a particolari fenomeni noti e di cui si conoscono, *a priori*, le modalità di funzionamento in quanto già accaduti (l'esperienza) oppure fenomeni studiati da altre discipline.

Il passaggio chiave diviene allora quello di stabilire nessi di causalità tra proposizioni, non essendo possibile stabilire nessi di causalità fra eventi: i fenomeni aziendali sfuggono infatti alle rigide successioni causali, sicché la loro *spiegazione* deve essere fondata non già sulla volontà di portare precise dimostrazioni ma nell'intento di fornire interpretazioni coerenti con le premesse, ancorché mai incontrovertibili.

Questo limite, proprio anche delle discipline economiche, non va mai dimenticato: sarebbe come credere che tali discipline rappresentino una scheggia delle scienze naturali e che possano dimostrare, secondo leggi causali, fenomeni per i quali, invece, una molteplicità di concause produce effetti plurimi. In altre parole, ciò che si può affermare e verificare empiricamente è, al verificarsi di una determinata situazione, la presenza contemporanea di una successione 'di eventi – di loro conseguenze – di premesse per ulteriori eventi' non tanto perché esista la fondata possibilità di una spiegazione tramite algoritmi matematici, più o meno sofisticati, quanto perché tali fenomeni appaiono, di regola, fra loro interdipendenti.

Le *simulazioni*, cioè *le spiegazioni relative ad un evento futuro (predizioni)* contengono, come premessa, una 'teoria', cioè una proposizione sintetica spesso accompagnata dalla clausola *ceteris paribus* la quale costituisce una specie di *caveat* di chi la enuncia.

È come se il ricercatore dicesse: la relazione causale individuata dalla proposizione enunciata e che emerge dalla simulazione è valida se, e solo se, contemporaneamente non interferiscono altri eventi. Le simulazioni cercano, dunque, di prevedere eventi futuri: sulla scorta di informazioni passate, si cerca di 'osservare cosa succede se . . .', '*what if* . . .'. è allora necessario ricordare che l'ipotesi *ceteris paribus*, non solo può essere una mera illazione, ma può anche affiancarsi ad una relazione di causalità, cioè ad una proposizione sintetica non ingenua che è, e rimane, una semplice supposizione e che quindi può essere smentita dai fatti.

Come ben si capisce, il processo osservazione – interpretazione – osservazione non è lineare anche perché si sa, da tempo immemorabile, che ciascuno di noi interpreta un fatto o un fenomeno nel momento stesso in cui lo osserva: pregiudizi, false credenze, superstizioni, cultura dominante, imitazione, piaggeria sono esempi di fattori che condizionano, nel contempo, sia l'osservatore sia l'interprete.

È quindi utile e necessario difendersi da due atteggiamenti quasi automatici cui ogni osservatore–interprete è assoggettato:

1. osservare gli eventi *ignorando* che vi è di mezzo una proposizione sintetica più o meno ingenua, ipotizzando così che essa sia neutra rispetto alla percezione di fatti e fenomeni;

2. osservare gli eventi *negando* che vi sia di mezzo una proposizione sintetica più o meno ingenua, ritenendo così di essere in grado di vederli 'oggettivamente' di modo che non sia necessaria, a monte, una teoria per interpretarli, ovvero che non sia nemmeno proponibile una proposizione diversa da quella implicita nella nostra osservazione.

È necessario perciò essere consapevoli che, per interpretare un evento o una serie di eventi osservati, si utilizza, quasi automaticamente, un *paradigma*, cioè un insieme di principi fra loro coerenti e concatenati. Ed è appunto il paradigma che va sempre sottoposto ad analisi critica per vagliarne la robustezza.

Ne segue che, anche nell'ambito delle scienze economiche, si è in grado di svolgere un *ragionamento prescrittivo o normativo*[6], che ha cioè *natura positiva*[7], solo perché si parte dall'ipotesi che le norme abbiano ragione. Ma, in tal caso non si è in presenza di un ragionamento *descrittivo*[8] di ciò che è stato: questo tipo di ragionamento sarebbe possibile soltanto in presenza e a prezzo di ipotesi molto astratte, il che peraltro non impedisce che le norme si adeguino ad un sistema di ipotesi del genere; ma bisogna essere consapevoli che il paradigma sul quale si fondano le norme rappresenta un punto di vista non falsificabile. I ragionamenti prescrittivi e/o normativi sono infatti *costruzioni non falsificabili* perché, ancorché logici, incorporano spesso ipotesi astratte e non definiscono le numerosissime ipotesi di contesto[9]. Essi, a rigore, non potrebbero essere chiamati 'teorie': sono solo il tentativo di svolgere un ragionamento rigoroso e coerente, nell'ambito di una griglia di ipotesi che rendono l'oggetto di indagine spesso molto diverso dall'oggetto reale e che ritagliano in tal modo uno spazio all'indagine scientifica.

In sintesi, il *lavoro scientifico* anche nelle scienze economiche si svolge nel seguente modo: dapprima si circoscrive un problema, si esplicitano e si accettano le ipotesi e, infine, si declina un ragio-

---

[6]Che *indica comportamenti* in base a norme scritte in precedenza (prescritte) o che si ritiene andrebbero adottati come norma per conseguire determinati obiettivi.

[7]Ragionamento normativo fatto proprio e adottato da un'autorità che lo assume come *ordinamento*.

[8]Che ha cioè scopi conoscitivi, nel senso che *descrive* l'aspetto esterno e/o interno dell'oggetto di studio. Contrapposto spesso a *comparato*.

[9]I ragionamenti prescrittivi, infatti, possono essere buoni o cattivi, opportuni o inopportuni, da accettare o rigettare, ecc.; ma non hanno obiettivi descrittivi: ad esempio, la politica economica tende a prescrivere mentre l'economia politica tende a descrivere.

namento coerente[10]; lavorando poi al margine, si immagina cosa
può accadere nella realtà se si rimuovono alcune ipotesi. Il risultato dipende dalle ipotesi rimosse: se si rimuovono le ipotesi più
accettabili (quelle che più si avvicinano alla realtà), il costrutto
regge, è elegante ma spesso non spiega oggetti e comportamenti reali; se si rimuovono le ipotesi meno accettabili (quelle che
semplificano la realtà), il costrutto diviene più incerto, presenta crepe spesso irreparabili, ma spiega oggetti e comportamenti
reali specifici i quali, tuttavia, rimangono sempre scarsamente
generalizzabili[11].

Il livello di astrazione per affrontare una questione economica,
infatti, non può risolversi in un mero esercizio psico–matematico–
statistico, anche se esso può condurci a conclusioni rassicuran-
ti, ancorché improbabili o inverosimili o, addirittura, smentite
sistematicamente dalla realtà effettuale[12].

---

[10]Circoscrivere significa 'isolare' una questione, cioè metterla a fuoco rispetto a tutti gli elementi che la circondano e che la permeano. Successivamente si possono così osservare gli elementi che vi influiscono. Un lavoro scientifico, infatti, riguarda un ambito ben circostanziato ad evitare di
condurre ragionamenti generici.

[11]Ad esempio, è noto che l'economia neoclassica prevede un'equa distri-
buzione delle informazioni fra gli agenti: l'ipotesi contribuisce a creare un
modello robusto. Ma, come è noto, l'ipotesi in questione non è realistica e
quindi risulta scarsamente accettabile; rimuovendola, il modello non regge
più e presenta crepe irreparabili. Gli studi di economia aziendale, invece,
non si fondano su ipotesi così generali e difficilmente introducono ipotesi ir-
realistiche e scarsamente accettabili. Il prezzo che questi studi pagano, però,
è quello di rendere ardua la costruzione di modelli generali e robusti.
Le discipline dell'Economia Aziendale, adottano strumenti conoscitivi che
devono condurre a risultati attendibili e 'adattivi', cioè non fortemente in-
fluenzati – e, quindi, distorti – dalla sovrastruttura concettuale dell'osservatore e dal suo modo di relazionarsi rispetto all'oggetto osservato. D'altra
parte, poiché l'osservatore non potrà mai essere assolutamente neutrale, lo
strumento utilizzato condurrà a risultati *comunque* ritenuti attendibili *se e
solo se* le 'premesse di valore' saranno state adeguatamente esplicitate ed
argomentate (v. *ultra*, § 2.1).

[12]Nelle discipline economico–aziendali, occorre prestare la massima attenzione ai metodi matematico–statistici applicati per confermare o confutare un modello teorico: in questo campo di studi, infatti, diviene essenziale
comprendere che la validità del 'numero' non dipende dall'affinamento del-
l'algoritmo (sempre sintesi di dati fortemente intrisi di aleatorietà) ma da
un'informazione completata anche sotto il profilo qualitativo (v. *ultra*, § 2.1).

Non si può dunque attribuire alle analisi di dati o di indici e all'utilizzo di analisi statistiche più o meno sofisticate la capacità di individuare relazioni di causalità fra eventi economici: in caso contrario, si attribuirebbero alle leggi statistiche poteri di spiegazione maggiori di quelli che esse stesse professano, agli indici di bilancio carature informative che non hanno mai preteso di possedere, alle simulazioni poteri profetici che le relegherebbero nel comparto degli oroscopi.

I risultati numerici che emergono da simili analisi sono tuttavia estremamente utili per controllare empiricamente le proposizioni sintetiche con le quali interpretiamo i fatti ed eventualmente per respingerle, migliorarle oppure sostituirle: le indagini non possono dunque prescindere da strumenti e metodi rigorosi che non si esauriscono nelle componenti matematico-statistiche. Diviene allora cruciale evitare di condurre un ragionamento destrutturato, o basato su deduzioni di dubbia coerenza rispetto alle premesse, oppure ancora fondato su ipotesi scarsamente accettabili o addirittura tautologico: bisogna cioè essere molto attenti a non semplificare pensando che sia semplice "dire 'pane' al pane e 'vino' al vino", come avvertiva quel comico ricordatoci da Luciano di Samosata ([3]: 310).

Anche la Tesi, ancorché lavoro scientifico elementare, risente di questi problemi ed è dunque necessario essere vigili: pur essendo difficile dire 'pane' al pane ecc., è possibile e auspicabile che la ricerca venga condotta in completa autonomia di giudizio. Una Tesi nell'ambito delle scienze dell'economia aziendale deve utilizzare gli strumenti appropriati di queste discipline, pur avvalendosi di metodi e strumenti di altre discipline *in primis* di quelle economico–politiche, giuridiche, matematiche e statistiche: ne deriva che l'approccio interdisciplinare è il più fecondo.

Nell'ambito delle scienze economiche, dunque, ci si trova sempre di fronte ad argomenti *complessi*, cioè composti da più elementi interdipendenti o complementari, piuttosto che *complicati*, cioè di difficile comprensione o soluzione anche per motivi evitabili: essi meritano allora sia una trattazione da una pluralità di punti di vista, perché conducono sempre ad una molteplicità di conclusioni possibili, sia l'adozione di adeguati strumenti tecnici, per essere adeguatamente corroborati o confutati[13].

Con riferimento agli *intermediari e ai mercati finanziari*, sarà necessario tenere conto degli oggetti specifici di indagine: *istituzioni* (monetarie, finanziarie, assicurative e previdenziali); *mercati* (regolamentati, organizzati e *over the counter*); *prodotti* (mezzi di pagamento, prodotti e strumenti finanziari elementari e derivati, prodotti assicurativi e previdenziali). Essi vanno indagati avvalendosi dei principali strumenti operativi fra i quali i principali sono: *il bilancio*, per le istituzioni; *l'efficienza*, per i mercati; *il rendimento*, per i prodotti.

2.1   Esempio: VaR e simulazioni.

Il livello patrimoniale delle banche determina la quantità di rischi ritenuti fronteggiabili (Basilea 3); fra di essi vi sono i rischi di mercato la cui valutazione discende dall'analisi dell'andamento delle variabili che influiscono sulle performance dei portafogli.

Osservatone l'andamento, è necessario offrirne una definizione, cioè trarne una conclusione operativa: quest'ultima può derivare da un approccio *parametrico*, cioè tramite un modello statistico predeterminato, o *non parametrico*, cioè ipotizzando il ripetersi di un insieme di scenari di mercato diversi (*simulazione storica*) oppure generando un gran numero casuale di possibili scenari e di sentieri evolutivi che li determinano (*simulazione Monte Carlo*).

Quando si utilizzano parametri del tipo *VaR*, si deve tenere presente che essi tendono a quantificare la perdita massima che un determinato portafoglio può subire entro intervalli, di confidenza e di tempo, predeterminati. Se il VaR deriva da una gaussiana, si pongono almeno i due seguenti problemi:

---

[13]La relazione fra *scienza* e *tecnica* è stringente e imprescindibile: emblematico il caso di Galileo le cui osservazioni non potevano prescindere dal telescopio che egli stesso si costruì.

1. la gaussiana può non descrivere e interpretare correttamente le osservazioni effettuate, dato che la sua significatività dipende dalla numerosità delle osservazioni;

2. l'intervallo di confidenza non esclude, per definizione, gli eventi estremi: tuttavia l'interpretazione corrente associa questi eventi ad effetti nulli; in realtà, essi producono effetti catastrofici o di grande successo per cui, il trascurarli può condurre a conclusioni superficiali.

Quando si utilizzano le simulazioni, è necessario essere consapevoli che le osservazioni sul passato tendono a rispondere a fondamentali, e spesso inconsci, fabbisogni di razionalizzazione dell'osservatore e che, quindi, esse non sono 'oggettive'. Ne segue che è necessario vigilare sulle conclusioni che si traggono, cioè sui giudizi che si dànno in entrambi i casi. Essi non possono essere deterministici, anche se i modelli matematico-statistici di cui ci si avvale sono coerenti e presentano notevoli elementi di regolarità. Bisogna infatti tenere conto che possono verificarsi eventi estremi (i 'cigni neri') e che le previsioni fondate su osservazioni inerenti il passato e che ci appaiono oggettive, possono essere inficiate dalla 'fallacia narrativa', indotta da razionalizzazioni ex post tratte dalle osservazioni. Conclusioni deterministiche che non tengano conto di questi due elementi conducono su posizioni di 'arroganza epistemica' [13].

In estrema sintesi, l''arroganza epistemica' può essere fatta derivare dai notevoli progressi delle scienze economiche realizzati grazie all'utilizzo di strumenti matematico-statistici unito alla formidabile capacità di calcolo dei computer: la razionalità interna dei modelli unita al facilitato raggiungimento di risultati numerici per interpretare la realtà economica, tuttavia, ha messo in ombra la componente non razionale che connota quegli eventi e cioè l'esistenza degli *animal spirits* che stanno alla base della 'nostra peculiare relazione con l'ambiguità e l'incertezza'([1]: 19)[14].

---

[14] «Nell'accezione originale del termine [...] *spiritus animalis*, la parola *animal* significa 'relativo alla mente' o 'che dà vita'. Si riferisce a un'energia

Ne segue che una piena consapevolezza delle criticità insite nei modelli attraverso i quali si interpreta la realtà consente di assumerne le risultanze come uno dei punti di partenza per elaborare strumentazioni sempre più precise e articolate che tentino di superare i limiti attuali. L'analisi critica, il miglioramento continuo e la ricerca di spiegazioni anche diverse da quelle meramente razionali sembrano l'approccio più fecondo e corretto per interpretare la realtà che si osserva.

---

mentale, una forza vitale di base. Ma nell'economia moderna la locuzione (...) ha acquisito un significato diverso. Oggi è un termine economico che si riferisce ad un elemento mutevole e incostante dell'economia...» ([1]: 19). Il termine *spiriti animali* è di origine medica (Galeno, II sec.) e deriva dall'idea che «esistessero tre spiriti: lo *spiritus vitalis* che aveva origine dal cuore, lo *spiritus naturalis* che aveva origine nel fegato e lo *spiritus animalis* che aveva origine nel cervello » ([1]: 250).

Capitolo 3

Scrivere

La Tesi non è un romanzo, né una novella o una prova di cultura generale; non è un articolo da quotidiano o da *magazine*, né un elenco di informazioni; non una chiacchierata da salotto o da bar sport, né la somma degli appunti stilati nel corso dello studio dell'argomento. Deve essere un *saggio: cioè uno scritto che cerca di fornire argomenti a sostegno di un certo punto di vista su di un tema preciso, prescelto fra molti, e che viene sempre costruito in contraddittorio, palese o implicito, con altri punti di vista.*

Si può iniziare direttamente dal capitolo principale, dal cuore della Tesi, e poi muoversi a raggiera a partire dal tema principale ([14]: 8-9). In questo modo diviene più facile calibrare l'importanza delle varie parti e non finire con un'introduzione più lunga della parte centrale. Un altro modo di procedere prevede di trattare un tema alla volta, soprattutto per circoscrivere argomenti limitati e trattabili separatamente l'uno dall'altro: la loro unione sarà il problema che si deve risolvere successivamente per ricondurre ad unità i singoli frammenti. In questo caso, il rischio è quello di non sapere dove si approderà: è utile consultare il tutor.

Ad esempio, se si ipotizza che trattare ogni singolo tema circoscritto corrisponda a disegnare una singola piastrella di ceramica, dopo un po' ci si trova con una pila di piastrelle, probabilmente in ordine sparso. Se si cerca di metterle in ordine per costruire il *puzzle* della Tesi, ci si accorge che mancano pezzi. Ogni piastrella, infatti, richiederebbe di essere affiancata da un'altra; ma quest'ultima potrebbe essere adiacente oppure più lontana richiedendo altre piastrelle di completamento. Ci si accorge così che vi sono piastrelle indispensabili (quelle adiacenti) e piastrelle meno rilevanti, almeno per il momento. Si ha così la percezione che la trattazione di un tema circoscritto presenta aree di confine con temi molto vicini e più lontani, naturalmente rispetto a ciò che noi pensiamo dovrebbe essere il lavoro da svolgere. Si scriveranno allora i pezzi mancanti e quelli di collegamento fra le singole parti: a questo punto, a seconda dell'estensione del lavoro, si avranno dei paragrafi o dei capitoli i quali, a loro volta, confinano con altri paragrafi o capitoli, scritti o da scrivere. E così via.

La Tesi prende corpo a mano a mano: se si ordinano i pezzi fra loro si dovrebbe ottenere uno scritto che sviluppa un percorso oppure che mostra qual è la parte del percorso mancante o carente. E si noterà che il percorso seguito è stato uno dei molti possibili perché l'estensore avrà seguito la propria personale linea di pensiero, collegando alcuni ragionamenti ad altri, alcune aree di confine ad altre, in modo del tutto autonomo e peculiare.

Vi sono, ad esempio, parti che si scrivono perché appaiono subito importanti; dopo un po', tuttavia, ci si accorge che quelle stesse parti appaiono meno importanti e, successivamente, possono diventare perfino banali. Ciò dipende dal fatto che, all'inizio, si sta apprendendo e quindi si vorrebbe scrivere quello che si apprende. È proprio il risultato che non si deve ottenere: scrivere gli appunti può essere soltanto un passaggio. Bisogna invece cercare di spiegare con determinazione, una questione precisa, senza tralasciare le parti essenziali ma senza partire da troppo lontano. È una questione di dosaggio che si impara scrivendo.

Non va dimenticato, inoltre, che la Tesi viene scritta per un lettore particolare: il relatore, il correlatore, una commissione di laurea, una Comunità scientifica. Ciò significa che si richiedono

alcune doti di analisi e di sintesi diverse da quelle che si richiedono, ad esempio, ad un giornalista o ad un divulgatore scientifico.
Questi ultimi hanno infatti la necessità di far capire i tratti essenziali di un problema ad un pubblico non specializzato; un lavoro
scientifico, invece, è rivolto ad un pubblico di specialisti che, per
apprezzarlo, richiedono rigore metodologico sia nell'analisi sia
nella sintesi.

Il punto è dunque il seguente: *trovare il percorso più veloce e
nel contempo più lucido per spiegare un fenomeno complesso che
può dipendere da una molteplicità di condizioni. L'originalità del
lavoro risiede nella capacità di dosare le argomentazioni rilevanti
e quelle di contorno, in modo da abbreviare il percorso logico che
sviluppa la Tesi.*

3.1   Linguaggio

Qualsiasi area disciplinare richiede di essere esplorata utilizzando, oltre che categorie logiche specifiche, anche un *linguaggio
specifico*: il linguaggio può essersi sedimentato nel tempo, oppure
può essere codificato da norme, da consuetudini, ecc. È necessario appropriarsene. Ad esempio, non distinguere fra prodotti
finanziari e strumenti finanziari e fra questi e i mezzi di pagamento, oppure fra mercati regolamentati e mercati organizzati,
rallenta il percorso di avvicinamento all'obiettivo: *affrontare un
tema in modo rigoroso*. Un saggio deve utilizzare un linguaggio
preciso e non il linguaggio corrente o il linguaggio giornalistico.
Le locuzioni vanno scelte accuratamente per comunicare concetti
circostanziati, il più possibile univoci, e non per eludere quegli
stessi concetti: ciò facilita la comprensione e la critica di chi legge
ma, soprattutto, ci consente di affermare e di migliorare il nostro
punto di vista. Per usare una metafora, il linguaggio ci consente di distinguerci nell'essere «uomini, mezzi uomini, ominicchi,
(...) e quaquaraquà» [11].

Aiutarsi allora osservando i libri di testo, cercando di capire
come sono strutturati e come sono scritti, ispirarsi alle forme che

si preferiscono o che appaiono più consone all'argomento prescelto. Appropriarsi dei glossari perché è utile ricordare che il numero di parole a noi note circoscrive e appalesa inesorabilmente l'ambito della nostra conoscenza. All'inizio, è sempre utile definire i termini che si usano: utilizzare le note a piè di pagina, oppure un breve glossario ove si può ricopiare il significato dei termini per il proprio uso corrente, ma sempre citando la fonte. Aiutarsi anche con il vocabolario e con il dizionario dei sinonimi e contrari (v. *supra*, *Introduzione*, n. 1): i termini, le parole hanno la funzione di indicare immediatamente un contenuto; se chi scrive sbaglia parola, dice un'altra cosa, esprime un altro concetto; chi legge una parola sbagliata, o imprecisa rispetto al contenuto che essa intende descrivere, può non capire. Se un medico diagnostica una polmonite e la descrive con la parola 'bronchite', può indurre il paziente a non prendere adeguati provvedimenti, il che può dimostrasi fatale; se un consulente d'azienda confonde i debiti con la liquidità, può indurre il cliente a sostenere oneri che possono compromettere l'impresa; se un consulente finanziario descrive prodotti finanziari con linguaggio non appropriato, può indirizzare i propri clienti verso investimenti troppo rischiosi.

È quindi sempre necessario far corrispondere nomi e cose, sforzarsi cioè di 'chiamare le cose con il loro nome': ad esempio, supponendo che sia evidente il divieto di utilizzare il termine 'soldi', si userà il termine 'denaro' solo ed esclusivamente se contrapposto a 'lettera'; si useranno i termini 'moneta', 'base monetaria', 'moneta scritturale', 'mezzi di pagamento', ecc. con precisione adeguata all'argomento trattato. Analogamente 'banca', 'intermediario finanziario', 'impresa di investimento', ecc.; 'fido', 'credito', 'prestito', ecc.; 'debito', 'deposito', 'raccolta', 'strumento finanziario', ecc.

3.2   Consultare le fonti

La fase principale del lavoro di ricerca consiste in un'accurata analisi dello 'stato dell'arte' sull'argomento prescelto, il che si traduce in una verifica dell'esistenza di dati e di informazioni accessibili, direttamente utilizzabili: le biblioteche diventano così uno strumento essenziale di consultazione in quanto rappresentano il 'deposito' delle elaborazioni scientifiche condotte fin qui. Andranno privilegiate le fonti internazionali, in particolare quelle in lingua inglese in quanto maggiormente assoggettate ad osservazioni e analisi critiche da parte di studiosi di tutto il mondo; andranno invece escluse tutte le fonti giornalistiche le quali non hanno obiettivi scientifici ma informativi e divulgativi.

Sicuramente la Biblioteca dell'Area Economica dell'Ateneo (BEC) è la prima da consultare: molti dei libri che si stanno cercando vi saranno verosimilmente rintracciabili; altri saranno rintracciabili presso la Biblioteca dell'Ateneo. Monografie e riviste sono catalogate quasi completamente su supporto magnetico e consultabili attraverso i terminali che si trovano presso i Dipartimenti. In genere è possibile ricercare il materiale attraverso l'indicazione dell'autore, del titolo, dell'argomento oppure impostando una o più parole 'chiave'. La ricerca per parole chiave può essere fatta sui 'titoli' e sui 'soggetti'. Fare attenzione: molti titoli sono in inglese e quindi la ricerca va sempre fatta in italiano e in inglese 'navigando' tra vari sinonimi del lemma 'principale' oppure 'su tutti gli indici' che ricercano la 'chiave' tra gli elementi del soggetto, del titolo, dell'autore e della serie. La ricerca va fatta con attenzione per parole chiave, per sinonimi, ampliando o limitando il campo a seconda della numerosità delle risposte (è possibile agire sull'anno di pubblicazione, usare operatori booleani, utilizzare l'intersezione per limitare il campo di indagine). Questa ricerche, comunque, sono più facili a farsi che a dirsi.

La BEC dispone di diverse banche dati disponibili per la consultazione su supporti magnetici. La quantità di materiale a disposizione è oggi enorme: per non perdersi, è necessario avere un'idea abbastanza precisa delle informazioni che si stanno ricercando. Si avverte infine che può essere acquistato qualsiasi libro segnalandone gli estremi al tutor il quale, verificatane la necessità e l'utilità, attiverà le procedure previste. La consultazione delle biblioteche può avvenire anche per via telematica, attraverso qualsiasi computer collegato all'internet, via telnet o via web. È possibile effettuare ricerche estremamente veloci ed efficaci; si possono consultare molte centinaia di periodici on–line sia in modalità *browse*, sfogliando la rivista prescelta, sia in modalità *search*, per una ricerca bibliografica, sia prelevando l'articolo *full text*[1].

Con riferimento ai motori di ricerca, le possibilità oggi appaiono illimitate, ma bisogna fare attenzione alla scarsa facilità della consultazione reiterata: dopo qualche ricerca, i siti web consultati diventano molti e per lo più disorganizzati perché i bookmark dei browser più diffusi (Chrome, Firefox, Opera, Safari, Explorer) richiederebbero di essere organizzati, cioè di fondarsi su di un'idea abbastanza precisa del modo di memorizzarli. D'altra parte i browser rispondono a molteplici funzioni e non sono stati studiati solo per i ricercatori.

Molto utili e immediati sono i due siti *scholar* e *books* di Google (*http://scholar.google.com/* e *http://books.google.com/*).

Può essere anche conveniente installare sul proprio browser un componente aggiuntivo (*add-on*) studiato ad hoc; si consiglia il sw gratuito *iCyte* (*http://www.iCyte.com*): semplice ed intuitivo (gira su Linux, Mac e Windows), *iCyte* funziona nel seguente modo: dopo avere creato un account e avere scaricato il sw, sulla barra del browser compare una nuova icona. Accedendovi, si possono creare uno o più *cyte*, cioè gruppi di pagine memorizzate sotto il medesimo 'progetto' (ad es.: passività subordinate). Ogni volta che si visita una pagina, essa può essere memorizzata dentro il *cyte* predeterminato. Oppure, e questa è la novità, si possono memorizzare le pagine web, a mano a mano che si visitano, in un *cyte* deciso lì per lì. Alla fine della sessione di ricerca, all'interno di ogni *cyte* si hanno le icone delle pagine visitate: aprendone una, si ha subito idea di che cosa si tratti e cliccando sul pulsante in alto a destra della schermata (*live view*), si può riprendere la navigazione da dove ci si era interrotti. Con un po' di pratica, lo strumento consente altre importanti opportunità.

---

[1]Qualora si debba accedere a *database* sprovvisti di motori di ricerca si deve ricorrere agli operatori booleani ('and', 'or', 'not', 'before' ecc.); per capire come essi funzionino si deve cercare una guida on-line.

Non dimenticare infine che la velocità dell'evoluzione dell'internet rende rapidamente obsoleti molti link ed è quindi possibile dover allungare il percorso di una ricerca i cui risultati sembravano a portata di mano. Gli aggiornamenti istantanei o costanti dei link rappresentano attualmente un problema che sarà risolto quando verranno assegnati i *National Bibliography Number* (Nbn) che censiranno univocamente le risorse digitali a livello mondiale presso la *Library of Congress* statunitense (*http://www.rinascimento-digitale.it/documenti.phtml?*).

3.3 Tutorship

Il tutor svolge un ruolo importante nell'indirizzare e seguire il candidato ad evitare che si perda nel mare magnum dei problemi e della letteratura. Non vi sono regole precise per questa scelta, ma anch'essa va fatta con cura: si sceglierà un docente che si è conosciuto direttamente per avere frequentato il corso, o per aver sostenuto qualche esame. È importante tenere presenti le aree di competenza specifica di ciascun docente oltre che la disponibilità di tempo: di regola infatti il numero di laureandi per docente non è trascurabile per cui è utile anche accertarsi sui tempi di attesa, sulle regole di ciascun docente, ecc.

Dapprima saranno necessari alcuni incontri per mettere a punto l'argomento e per concordare le modalità operative dei contatti telematici necessari alle revisioni, alle richieste di appuntamento, di indicazioni, di spiegazioni, ecc. Quando lo studente riceve le revisioni può accettarle o rifiutarle motivando. In questa fase è importante osservare quali punti devono essere approfonditi maggiormente e quali invece devono essere modificati o addirittura scartati.

È utile ricordare che, anche per il tutor, *rileggere significa ripercorrere il ragionamento per verificarne e riverificarne la logica: ogni rilettura spinge così ad una revisione del testo.* Questa fase consente a chi scrive di porsi molte domande, di assumere cioè un punto di vista critico nei confronti del proprio lavoro.

Molti aspetti che sembravano chiari vengono ora messi pesantemente in discussione; ma dopo una riflessione e una ricerca più approfondita e mirata si è in grado di arrivare al nocciolo della questione e di aumentare così la padronanza della materia. A questo punto ci si accorgerà che l'esposizione di quel concetto diventa più agevole ed efficace oppure che quel concetto è banale oppure ancora che ci si è sbagliati.

Per agevolare i contatti con il tutor, sono utili le seguenti indicazioni:

a) il lavoro, le sue parti, le aggiunte e le integrazioni vanno inviate via mail: qualora si tratti di file pesanti, si prega di comprimerli (programmi di compressione nell'area riservata del sito di Ateneo);

b) non inviare figure, grafici e tabelle: la loro compressione è, di regola, poco efficace; inoltre il loro inserimento nel testo scritto con i wp sincroni è inefficiente (non si riesce a controllare la successione delle pagine e del testo) e si possono perdere diverse ore nel vano tentativo di risolvere il problema. Con lo stesso tempo si può imparare LaTeX (v. *supra*, *Introduzione*);

c) non inviare file .pdf, né .rtf o .txt che non sono agevolmente revisionabili. Chi utilizza LaTeX può inviare i file .tex cui seguiranno ulteriori indicazioni personalizzate.

d) con i wp visuali, le parti rifiutate delle revisioni, oppure le parti che integrano o che completano una parte già revisionata (le pagine, i capoversi, le note) vanno *evidenziate* in giallo (*non scritte* in giallo), colore che ben si adatta alle revisioni successive. Ciò consente di leggere soltanto le integrazioni e di scorrere il resto.

Curare in dettaglio le parti da inviare al tutor per evitare spiacevoli rifiuti: i file vengono corretti e ritrasmessi nel medesimo formato col quale vengono ricevuti. Qualora le parti inviate non siano scritte come indicato in questo appunto (le note e la forma del testo) o contengano errori che denotano che lo scritto non è stato adeguatamente compulsato e rivisto, il tutor non prosegue nella lettura e la parte va ripresentata.

3.4   Introduzione e Conclusione

Non iniziare mai dalla Introduzione o dalla Conclusione: ciò significherebbe già padroneggiare l'argomento. Siccome però non lo si padroneggia, altrimenti non si tratterebbe di un lavoro di ricerca, scrivere subito Introduzione e Conclusione dimostrerebbe il prevalere dei nostri pregiudizi, di convincimenti già consolidati, che la Tesi deve invece mettere in discussione. Una ricerca deve cominciare sempre dal capitolo principale, dal cuore della *research question*.

Pur stilate alla fine, Introduzione e Conclusione non devono tuttavia essere sottovalutate perché spesso costituiscono le parti iniziali che i Correlatori leggono, prima di approfondirne altre. Nella Introduzione, si devono chiarire al lettore l'obiettivo della Tesi e le procedure, i passi compiuti e le difficoltà incontrate per raggiungerlo. Essa va redatta con particolare cura dato che costituisce l'unico avviamento alla lettura per lettori non sempre esperti del problema trattato o che hanno poco tempo. Per il medesimo motivo, nella Conclusione bisogna sforzarsi di riassumere i risultati conseguiti mettendo in luce l'originalità del percorso svolto e il contributo personale della ricerca.

In una Tesi empirica si tratta di inquadrare la ricerca sul campo evidenziandone le diverse sfaccettature teoriche. Nel caso di una Tesi teorica si tratta di inserire in modo critico i propri risultati nell'ambito della letteratura che tratta l'argomento, pur in estrema sintesi.

3.5   Forma del testo

Dal punto di vita formale, molte informazioni utilizzabili proficuamente possono essere tratte prestando attenzione agli aspetti formali dei libri di testo: gli indici, la forma scritta, la forma delle tabelle e dei grafici, il contenuto dell'Introduzione e della Conclusione, le citazioni, le note a piè di pagina, i Riferimenti bibliografici, la formattazione del testo, la punteggiatura, ecc.

Quando si scrive è consigliabile attenersi alle seguenti regole formali:

– *titoli*: capitoli e paragrafi vanno titolati in modo essenziale, incisivo ma esauriente, eventualmente aumentandone il numero, cercando di far corrispondere con precisione il titolo al contenuto del testo: chi legge deve essere posto in condizione di capire immediatamente l'argomento cui è interessato leggendo i titoli nell'Indice e deve poter avere l'informazione essenziale dopo pochi capoversi;

– *soggetto*: sembra più conveniente usare la forma impersonale ('si ritiene che. . .', 'si potrebbe dire che. . .', ecc.); non usare il plurale *maiestatis* o, peggio, la prima persona singolare; accertarsi di non cambiare il soggetto dentro la stessa frase o lo stesso periodo;

– *periodo*: vanno preferite frasi brevi, semplici e incisive, composte da soggetto, verbo e complemento, utilizzando con parsimonia le subordinate e con grande prudenza avverbi e aggettivi (che esprimono un giudizio) ed eliminando i superlativi;

– *verbo*: usare spesso il condizionale, perché di solito non possiamo essere sicuri di quello che affermiamo o di quello che 'vediamo'; verificare la *consecutio temporum* altrimenti il testo non risulta chiaro;

– *numeri*: i numeri fino al 'nove' vanno scritti in lettere mentre quelli superiori in cifre;

– *punteggiatura*: utilizzarla con attenzione perché è essenziale per capire il discorso che si conduce. All'inizio usare molti capoversi separati; successivamente essi possono essere uniti con maggiore facilità.

I segni di interpunzione devono essere sempre attaccati alla parola e seguiti da uno spazio (compresi i puntini di sospensione che devono essere solo tre, così. . .). Fanno eccezione: a) i trattini – come questi – che devono avere sempre uno spazio che li precede e uno che li segue; b) le virgolette e le parentesi: qualsiasi sia la loro forma vanno sempre attaccate alla parola che segue la loro apertura e la loro chiusura, (così); l'apostrofo non richiede

spazi né prima né dopo, salvo 'po' ' (che tronca la parola 'poco')
e 'ca' ' (che tronca la parola 'casa') che vanno seguiti da uno
spazio (come Ca' Foscari). Ricordare che, nella lingua italiana,
gli *accenti* sono tutti gravi escluse le parole che finiscono con
'che' ove l'accento è acuto (perché, poiché, ecc.). Osservare come
sono scritti questo testo, qualsiasi libro o articolo di giornale
per poterne imitare l'utilizzo oppure avvalersi di qualche testo
specifico ([2], [4]: 29-42);

– *citazioni*: citare sempre la fonte. Le note devono essere
abbondanti per spiegare le frasi complesse, per capire bene le
argomentazioni addotte e la loro fonte originaria;

– *vocaboli in lingua estera*: se non sono entrati nel linguaggio
corrente (verificare nel vocabolario) vanno scritte, di norma, in
corsivo (*tout court*, *in primis*, *cash management*, ecc.) e sempre al
singolare, dato che già l'articolo determinativo indica il singolare
o il plurale (le *option*, gli *swap*, ecc.). Ma se si tratta un argomento ove è necessario utilizzare diffusamente vocaboli in lingua
estera (ad esempio, una tesi sugli intermediari finanziari di moneta elettronica), risulterebbe ridondante scriverli in corsivo; si
considerano allora come facenti parte del linguaggio corrente, almeno rispetto a quell'argomento. Anche in questo scritto, molti
termini considerati propri del linguaggio corrente sono in ton-
do (ad es.: tutor). A proposito di lingue estere, il vocabolario è
utile anche per capire a quale lingua appartengano le parole che
utilizziamo frequentemente: ad esempio sono latine e non inglesi
parole come *media* e *snob* (cioè *sine nobilitate*), ecc.

In linea di massima è decisamente sconsigliabile:

– l'uso di aggettivi, avverbi e superlativi: ricorrervi con estrema parsimonia e mai nei titoli;

– l'utilizzo di frasi di collegamento fra paragrafi o fra capitoli
(frasi iniziali o finali del tipo: 'Fin qui abbiamo parlato di...';
'Ora si affronterà il seguente problema...');

– avvalersi di domande retoriche: 'Perché investire?', ecc.,
improprie per qualsiasi lavoro scientifico;

È invece vietato:

– utilizzare locuzioni infantili: 'Ecco che. . .', ecc., proprie delle fiabe;

– copiare: sforzarsi di riassumere, di recensire, di parafrasare; appaiono sempre evidentissimi il divario fra la prosa del laureando e quella dell'autore plagiato oltre che la precarietà di un testo tradotto dall'inglese senza che se ne sia capito il senso.

3.5.1   Note e Citazioni

Le note vanno sempre e sistematicamente utilizzate per documentare la fonte delle proprie conoscenze. Non si ammettono lavori privi di riferimenti alla fonte: non vanno fatte affermazioni che non siano puntualmente documentate. In generale è conveniente evitare note lunghe e impegnative: se ciò che si vuol dire è importante, sarà meglio scriverlo nel testo; in caso contrario è meglio eliminare la frase per non appesantire il testo che deve essere sempre agile e facilmente leggibile[2]. Esse vanno scritte subito: brevi, incisive, abbondanti; complete oltre che dei riferimenti all'autore, al titolo, alle pagine, ecc. Si fa sempre in tempo a tagliare, mentre è molto oneroso aggiustare successivamente le citazioni di cui non si ricordano più la fonte, le pagine, il luogo ove si è reperito il riferimento. Le note rappresentano i puntelli sui quali poggia il lavoro e indicano se esso è stato svolto con cognizione di causa[3].

---

[2]Le note fastidiose sono quelle che: a) tentano di sfoggiare inutile erudizione, piaggerie, banalità, ecc.; b) contengono osservazioni personali: se personali, le osservazioni vanno nel testo; c) sono rilevanti per l'approfondimento della Tesi e quindi andrebbero inserite nel testo e non relegate in nota; d) riguardano argomenti soltanto largamente connessi con quanto si sta dicendo (e quindi non andrebbero inseriti nemmeno in nota, salvo fornire brevissimi e circostanziati riferimenti bibliografici utili al lettore interessato ad approfondire autonomamente il tema trattato).

[3]Leggendo i libri e, a volte, qualche saggio si può osservare che le note a piè di pagina sono, in qualche caso, poche e stringate mentre, in altri casi, sono lunghe e documentate al punto da costituire esse stesse quasi un altro testo autonomo. Sarà necessario trovare un punto di mediazione che dipende anche dall'argomento trattato.

La nota resta un rinvio breve ma frequente e va fatta preferibilmente a piè di pagina, salvo non sia utile la 'citazione Harvard', cioè un riferimento conciso ed esauriente fra parentesi quadre nel corpo del testo [5]. Ad esempio, la citazione '[Tizio, 1995: 309]' indica che si fa riferimento alla pagina 309 del libro pubblicato nel 1995 dall'autore Tizio. In caso di rinvii a testi con il medesimo titolo, ma di edizioni diverse, si indicherà il numero dell'edizione con il relativo numero come esponente dell'anno, come nel seguente esempio: [Tizio, 1995^5: 409] cioè a dire, pag. 409 della quinta edizione del lavoro di Tizio.

La 'citazione Harvard' si utilizza sia nel corpo del testo sia all'interno delle note a piè di pagina per segnalare, senza commenti, l'autore dal quale si è presa l'idea, la definizione, il punto di vista, l'argomentazione ecc. La nota a piè di pagina, però, si utilizza per spiegare un punto di vista, un'argomentazione, per contrapporre le idee ecc. Quest'ultima è di maggiore importanza perché offre al lettore la sensazione del grado di approfondimento della trattazione. Scegliere l'una o l'altra è compito di chi scrive. I due esempi che seguono dovrebbero essere esaurienti.

Esempio 1: se si deve dire che A. Smith riteneva che il mercato fosse determinato dalla mano invisibile, frase e citazione potrebbero essere: «A. Smith utilizzò una celebre figura retorica: la 'mano invisibile' [Smith 1776, 1958: 409], ma se ne avvalse una sola volta in... e un'altra in...». Si può osservare che questa citazione nel testo comprende, fra parentesi quadre, tre elementi: 1) il cognome dell'autore, senza le iniziali del nome e seguito subito dall'anno dell'edizione originale del lavoro; 2) la data dell'edizione effettivamente citata seguita dai due punti; 3) la pagina cui ci si riferisce il richiamo. Questa 'citazione Harvard' è sintetica, precisa ed esauriente e consente di evitare, in una nota a piè di pagina, un riferimento bibliografico che non ha intenti esplicativi.

Esempio 2: stessa situazione, ma questa volta si vuole inserire una nota esplicativa al testo. Frase e citazione nel tseto potrebbero essere: «A. Smith utilizzò una celebre figura retorica: la 'mano invisibile', ma se ne avvalse una sola volta in... (1) e un'altra in... (2)». Questa volta si rinvia a due note (1) e (2), a piè di pagina, ove si possono scrivere due note esplicative, o citare le frasi esatte, alla fine delle quali si rinvierà al testo consultato nel modo indicato nell'*Esempio 1*[4].

Resta inteso che non si possono effettuare citazioni del tipo: '...come dice [Tizio, 1995: 309]...'; ma si scriverà '...come dice Tizio [Tizio, 1995: 309]...'.

Per gli autori recenti sarà sufficiente semplificare ancora indicando l'ultima edizione consultata, come ad esempio: [Tizio, 2001[5]: 409]. Solo in presenza di cognomi molto diffusi, e quando non si fa riferimento ai 'classici', è necessario aggiungere l'iniziale del nome: cioè solo Adam Smith, potrà essere indicato con il solo cognome; per tutti gli altri sarà necessario aggiungere le iniziali del nome: [M. Caio, 2000: 163; T. Sempronio, 2000: 28], ecc.

Per citare lavori scritti da un numero di autori superiore a tre, utilizzare il cognome del primo autore seguito dall'espressione *et al.* (cioè *et alii*). Quando gli autori sono al massimo tre, si citeranno tutti.

Per i lavori curati da uno o più autori, si citeranno come appena indicato, facendo seguire '(*a cura di...*)', oppure '*(ed.)*', cioè *editor*, oppure '(*eds.*)', cioè *editors* che significa curatori e non editori.

Per i saggi contenuti in lavori collettivi, si citeranno dapprima gli autori e il titolo del saggio cui seguiranno gli estremi del volume collettivo. Analogamente per gli Atti di Congressi, di Giornate di studio, ecc.

Quando si ha a che fare con citazioni relative a pubblicazioni di istituzioni (BCE, Banca d'Italia, CONSOB, ecc.) spesso si devono citare lavori pubblicati nel medesimo anno: in tal caso le pubblicazioni si distingueranno, anno per anno, con lettere minuscole: [BCE, 2003a: 15], [BCE, 2003b: 13], [BCE, 2003c: 19], intendendo che la progressione delle lettere indica la progressione della data di pubblicazione (ad esempio, le tre pubblicazioni della

---

[4]Nel caso di specie, se non si fosse utilizzata la 'nota harvard' si sarebbe dovuto indicare, per ogni ricorrenza e con il pericolo di inserire errori di battitura, la citazione per esteso. Ad es.: A. Smith, *La ricchezza delle nazioni*, editore originale, Città 1776 (edizione italiana, UTET, Torino 1958, p. 409).

BCE esemplificate indicano, con 2003a, la pubblicazione iniziale citata per quell'anno e, con 2003c, l'ultima pubblicazione citata dell'anno 2003).

Quanto alle leggi e alle norme in genere, i riferimenti precisi andranno in nota soltanto alla prima citazione, mentre nel testo rimarrà sempre la sigla convenzionale. Ad esempio, la prima volta che si cita il Testo Unico bancario, si scriverà nel testo «il Testo Unico bancario (D. Lgs. n. 385/93)'[5]» mentre nella nota si daranno gli estremi dettagliati come si vede da questo esempio. Successivamente il riferimento sarà solo nel testo utilizzando indifferentemente T.U., oppure T.U. bancario, a seconda che il riferimento possa essere confuso con un altro Testo unico (ad esempio il T.U. finanziario, il TUIR o altro). Analogamente per le Circolari della Banca d'Italia, della Consob, dell'Abi, ecc.

Quanto alle citazioni di di ennesima mano, esse vengono facilmente riconosciute[6].

Quelle relative alla *letteratura grigia*[7] richiedono di regola maggiori dettagli, ma seguono le regole previste per le citazioni di lavori editi.

Quelle di un sito web dovrebbero indicare, oltre all'indirizzo web, anche la data dell'ultimo accesso. Es.: «www.abi.it/nomepagina/» (gg/mm/aa).

---

[5]D. Lgs. n. . . . del. . . : *Titolo esteso e completo della legge o del decreto*, in G.U. del. . .

[6] È difficile che uno studente citi di prima mano un libro pubblicato prima degli anni Ottanta quando tutti sappiamo che l'accesso a quei libri non è immediato; se si cita Marshall in versione italiana, si deve essere almeno sicuri che il testo è stato tradotto! Se si cita in lingua originale, è utile assicurarsi che nelle nostre biblioteche esista una copia consultabile dell'opera! Se si cita un'edizione italiana di un lavoro in lingua estera, è necessario accertarsi che quell'edizione esista presso le nostre biblioteche!. Rimane sempre più elegante utilizzare, nella nota a piè di pagina, la forma: 'v. Jevons, *Titolo dell'opera*, cit. in Tizio, 2001[2]: 24'.

[7]Si tratta, ad esempio, di lavori non ancora pubblicati da un editore: tesi di laurea, di dottorato, *working paper*, mimeo (materiale fotocopiato), quaderni, rapporti, ecc. Di solito si tratta di manoscritti senza il numero ISBN che consente un riferimento mondiale univoco.

Quando si citano altri autori per esteso, le parti di una certa lunghezza (almeno tre righe di testo) o quelle che si vogliono evidenziare, dovranno essere tenute separate e fatte rientrare in modo visibile, con spaziature sopra e sotto e font più ridotti. Ad esempio:

> In realtà, con il riferimento alla libertà dei mari del secolo XVI va in pezzi non già il diritto romano, ma qualcosa di completamente diverso, ovvero l'antico ed elementare fatto che il diritto e la pace vigono originariamente solo sulla terraferma. ([10]: 94).

Lasciata così, evidenziata e senza commenti, la citazione presume che chi scrive sia d'accordo con l'autore; in caso contrario è necessario avvertire con una frase critica.

3.5.2   Tabelle e Figure

Le tabelle e le figure vanno numerate progressivamente e titolate con una didascalia breve e significativa. Nelle tabelle complesse, i cui dati sono poi usati direttamente nel testo, è bene numerare le colonne; poi, all'occorrenza, fare riferimento alla tabella e alla colonna cui ci si richiama.

Ogni tabella deve riportare la fonte dalla quale viene ripresa o, nel caso di elaborazione personale, la fonte da cui sono derivati i dati. Nel caso i dati originari siano stati elaborati si userà la frase: 'Nostra elaborazione ottenuta con il metodo...'. Nelle tabelle vanno sempre indicati gli anni di riferimento, le unità di misura (numero, quantità, valori), ecc. Anche in questo caso gli esempi possono essere tratti dai libri o dagli articoli consultati.

Se Tabelle e Figure sono poche è agevole inserirle nel testo. Per non perdere tempo nella formattazione è preferibile cumularle alla fine del testo con gli opportuni rinvii. Analogamente per le formule complesse.

3.5.3 Riferimenti bibliografici

Ogni lavoro citato (a piè di pagina o nel corpo del testo) sarà successivamente riportato alla fine della Tesi, in una parte appositamente intitolata. Se la sezione viene intitolata 'Bibliografia', ci si aspetta di trovare quasi tutto quello che è stato scritto in argomento: meglio evitare ed intitolarla 'Riferimenti bibliografici', eventualmente distinguendo tra 'Opere citate' e 'Opere consultate'. Si tratta dell'elenco delle opere citate e dei lavori esaminati, ancorché non citati, in ordine alfabetico e descritte per esteso: gli esempi possono essere tratti dai libri o dagli articoli che si sono consultati.

I formati dei caratteri (autore, titoli, ecc.) possono essere desunti dai libri esaminati. L'importante è che vi sia completa omogeneità nel loro uso. Alla fine di questo opuscolo vi è l'esempio di una sezione 'Riferimenti bibliografici': analogamente all'Indice, lo studente è libero di scegliere se metterla, dopo l'Indice, all'inizio o alla fine dello scritto.

3.6 Dimensioni e miglioramenti

La Tesi di Laurea dovrebbe essere contenuta in 80-100 cartelle (25-35 cartelle per la Prova finale a conclusione del diploma triennale): si può derogare per le tabelle, i grafici, l'indice e la bibliografia. In questo spazio, infatti, può essere contenuto tutto ciò che serve per illustrare l'argomento prescelto. In caso contrario, l'argomento è troppo vasto o troppo contenuto ed è necessario rivedere il progetto con l'aiuto del tutor.

Per misurare la dimensione del testo, si parte dalla dimensione standard della riga composta di 60-65 battute (spazi inclusi) per giungere alla dimensione di una *cartella*. La cartella standard si compone di circa 1500-1600 battute suddivise in 25 righe; la cartella editoriale si compone di circa 1800-1900 battute suddivise in 30 righe. La dimensione della gabbia tipografica di una pagina, invece, dipende dalla sua formattazione per cui non vi è corrispondenza fra numero di pagine e numero di cartelle.

Se non si usa LaTeX è necessario formattare manualmente il testo. In materia non vi sono norme univoche. Si suggeriscono le seguenti modalità:

`Formato pagina`: A4; *spazi*: sopra, sotto e a sinistra di 4 cm, a destra di 3 cm; rientri 0 cm.

`Formato paragrafo`: *allineamento*: giustificato; *rientri*: 0 cm. salvo la prima riga che rientra di 1,25 cm.; ; *spazi*: sopra 6pt, sotto 0; *interlinea*: singola.

`Formato carattere`: *font*, Times New Roman; *testo, Indice e Riferimenti bibliografici*, corpo 12; *note*, corpo 10; *colore*: nero (le revisioni del tutor vengono invece indicate con i colori standard del sw utilizzato).

`Formato dei titoli`: *font*, Times New Roman; *capitoli*, corpo 14; *paragrafi*, corpo 12 grassetto; *sotto paragrafi* corpo 12 corsivo.

Ridurre le parole ripetute.

Se si conoscono pochi vocaboli, i concetti che si possono esprimere si riducono perché, utilizzando sempre i medesimi termini, essi tendono a sovrapporsi. Questa *impasse* si supera leggendo libri, ma ci vuole tempo; nel breve periodo, per arricchire il proprio linguaggio può essere utile avvalersi di un dizionario dei sinonimi e contrari. Resta però utile e necessario capire quante volte si ripete la medesima parola, per sostituirla con appropriati sinonimi. Per scoprire le ripetizioni, utilizzare la funzione «cerca–trova/sostituisci» dell'editor: scrivendo la medesima parola sia su «cerca–trova» sia su «sostituisci» e poi cliccando su «sostituisci tutto» si ottiene il numero di sostituzioni effettuate. In realtà, il testo non è cambiato (le due parole infatti erano identiche) ma si ha la percezione del numero di ripetizioni. Usando «cerca–trova» parola per parola, invece, si ha la possibilità di verificare l'esistenza di ripetizioni nella stessa frase, in frasi o in capoversi contigui, ecc.: diviene così più facile sostituire il termine che interessa con un sinonimo appropriato.

Capitolo 4

Valutazione e aspetti organizzativi

La 'Tesi' è dunque un testo redatto con metodo scientifico che richiede al candidato la dimostrazione di possedere capacità di sintesi e di argomentazione nell'affrontare una questione. La locuzione 'Tesi' può tuttavia fare riferimento a scritti scientifici di diversa caratura:

A) un *paper* è uno scritto, di regola molto impegnativo sul piano scientifico, che tratta un argomento circoscritto e che spesso viene sottoposto alla critica della Comunità scientifica internazionale. La valutazione avviene sulla base delle idee che vi sono contenute e che la Comunità scientifica reputa interessanti. Di regola, questi lavori sono referati, vengono pubblicati sul web, sono liberamente fruibili da chiunque e di regola sono scritti in inglese.

B) una *tesi di Dottorato* conclude il triennio post lauream di un corso di Dottorato (Ph.D., cioè *Philosophy Doctor*). Si caratterizza per la capacità di esplicitare il programma di ricerca, il metodo di lavoro, i risultati raggiunti e gli elementi di originalità che si ritiene di avere introdotto nel dibattito scientifico, sia in termini propositivi sia in termini di confutazione di ipotesi che appaiono non reggere alla luce di fatti ben vagliati e circostanziati. In questa circostanza, la Tesi è l'elemento che deve dimostrare l'attitudine scientifica del candidato.

C) una *tesi di Laurea* conclude un percorso di studi magistrali. Deve dimostrare la capacità del candidato di afferrare il problema, di selezionare e di trattare le informazioni rilevanti, di darne conto con adeguata forza logica, eventualmente confrontando la questione affrontata con le opinioni prevalenti sia per corroborare le ipotesi, sia per proporre ipotesi diverse, sia per vagliare i medesimi fenomeni alla luce di innovazioni più recenti, ecc. La sua valutazione concorre a formare l'apprezzamento finale del *curriculum* degli studi e si esprime in un punteggio finale che si aggiunge alla media ponderata dei voti curricolari.

D) una *prova finale* conclude un percorso di studi triennale. Si tratta di un elaborato che ha la funzione di obbligare lo studente a cimentarsi con la stesura di un testo scritto. Pur trattandosi di una prova elementare, essa non è meno rilevante dal punto di vista formativo: come già richiamato, l'attuale crescente necessità di interagire in forma scritta impone l'allenamento alla chiarezza di ragionamento e alla capacità di comunicarlo.

Salvo la tesi di Dottorato che tende a rispondere a standard di valutazione internazionali fissati dal collegio dei Docenti di riferimento, ogni Facoltà determina propri criteri e modalità di valutazione..

La *Tesi di Laurea* viene presentata alla Commissione dal tutor, che assume le funzioni di Relatore cui viene affiancato un Correlatore con funzioni dialettiche: in questo caso, alla fine della discussione, possono essere assegnati dalla Commissione di laurea dei punteggi addizionali rispetto alla media ponderata dei voti conseguiti negli esami curricolari. Il conferimento della lode, richiede l'unanimità dai consensi della Commissione, rappresenta un elemento a sè stante e addizionale rispetto alla mera somma dei punteggi (media dei voti e punteggio addizionale assegnato per la tesi).

Quanto alla *prova finale*, sono diverse le modalità di assegnazione dei punti addizionali sommati alla media ponderata dei voti degli esami curricolari.

Gli *aspetti organizzativi* non vanno trascurati perché possono ritardare la conclusione degli studi, indipendentemente dal tutor, e perché connotano l'attenzione, la diligenza e il rispetto dello studente per l'organizzazione e per il tutor. La Tesi viene assegnata, previo colloquio: la formalizzazione avviene tramite apposite procedure telematiche.

Chi deve scrivere la *prova finale* dovrebbe svolgere il lavoro nel giro di *uno o due mesi a tempo pieno*; che deve scrivere una Tesi magistrale, invece, dovrebbe svolgere il lavoro nel giro di *tre o quattro mesi a tempo pieno*: l'obiettivo di entrambi dovrebbe essere quello di terminare nella prima sessione utile dopo l'assegnazione. Per diversi motivi (genericità dell'argomento, ritardi nella stesura dello scritto, gravi carenze nell'utilizzo della lingua italiana, ecc.) il lavoro può tuttavia non dare i risultati sperati: il tutor si riserva la decisione di condurre, comunque, il candidato all'esame di laurea nei tempi indicati, anche se si dovrà mettere in conto il pagamento di un prezzo in termini di punteggio finale.

La domanda di laurea deve essere presentata con notevole anticipo; in genere precede di circa tre mesi la presunta data di inizio della sessione: le domande non vengono firmate se non è ancora chiaro lo sviluppo del lavoro, almeno in parte già revisionato. È bene informarsi per tempo per farsi firmare la domanda dal relatore, consegnare la documentazione alla Segreteria, ecc. La Guida dello Studente fornisce tutte le informazioni indispensabili. Il relatore non assume alcuna responsabilità su questioni organizzative fissate dai Dipartimenti o dalle Segreterie e gli studenti sono invitati ad informarsi per tempo e ad attenersi alle disposizioni.

Riferimenti bibliografici

[1] Akerlof G. A. - Shiller R. J., *Spiriti animali*, Rizzoli, Milano 2009.

[2] Beccari C., *Introduzione all'arte della composizione tipografica con LaTeX*, GuIt 2013 (*http://www.guitex.org/home/*)

[3] Canfora L., *La storiografia greca*, Bruno Mondatori, Milano 1996

[4] Cevolani G., *Norme tipografiche per l'italiano in LaTeX*, in 'ArsTEXnica', n. 1, 2006 (*http://www.guitex.org/home*)

[5] Fisher D. – Hanstock T., *Citing References*, Blackwell's 1998.

[6] Guala F., Filosofia dell'economia - Modelli, causalità, previsione, Il Mulino, Bologna 2006.

[7] Giacomini D., *Appunti di informatica libera*, Versione 03.03.2013, (*http://a2.pluto.it/a2/a21.htm*), Vol. II (*http://a2.pluto.it/a2/a268.htmalmltitle2753*).

[8] Gregorio E. *Introduzione a TEXworks*, GuIt 2011 (*http://www.guitex.org/home/en/doc*).

[9] Mori L., *Scrivere la tesi di laurea con LaTeX*, in ArsTeXnican. 3, 2005 (*http://www.guitex.org/home*).

[10] Schmitt C., *Il nomos della terra*, Adelphi, Milano 1991.

[11] Sciascia L., *Il giorno della civetta*, Adelphi, Milano 1999 (ristampa).

[12] Smith A., *La ricchezza delle nazioni*, Utet, Torino 1958.

[13] Taleb N.N., *Il cigno nero*, Il Saggiatore, Milano 2008.

[14] Zucchelli D. (a cura di), *Aspetti metodologici della preparazione della tesi nelle discipline caratterizzanti il corso di scienze economiche e bancarie*, ISU Università Cattolica - Servizio Orientamento, Milano 1987.

RIFERIMENTI BIBLIOGRAFICI: ESEMPIO

Bruni F.
1997 *Scrivere e parlare per sopravvivere all'Università*, in *Manuale di scrittura e di comunicazione*, cap. VIII, Zanichelli, Bologna.

Buscema M. – Pieri G.
2004 *Ricerca scientifica e innovazione*, Rubbettino, Catanzaro.

Corbetta P.
1999 *Metodologia e tecniche della ricerca sociale*, Il Mulino, Bologna.

Di Girolamo C. – Toschi, L.
1988 *La forma del testo*, Il Mulino, Bologna.

Eco U.
1977 *Come si fa una tesi di laurea*, Bompiani, Milano 1995 (ristampa).

Giacomin A.
1995 *Il mercato e il potere*, Clueb, Bologna.

Schmitt C. 1967
1988 *La tirannia dei valori*, Antonio Pellicani, Milano.

Stiglitz J. E.
2006 *Economia e informazione*, Datanews, Roma.

Taleb N.N.
2001 *Giocati dal caso: il ruolo della fortuna nella finanza e nella vita*, Il Saggiatore, Milano.

Indice analitico

citazioni
    di più autori, 40
    di ennesima mano, 41
    Harvard, 39
    letteratura grigia, 41
    siti web, 41

linguaggio
    appunti, 12, 28
    esempi, 30
    glossario, 30
    sinonimi, 4, 30, 44
    vocabolario, 4, 30

metodo
    case study, 19
    ciroscrivere, 22
    comicità, 23
    esempi, 24
    generalizzazione, 18
    quaquaraquà, 29
    riassunto, 12
    simulazioni, 20

    spiegazione, 18
    teoria, 15

note
    esempi, 39
    fastidiosa, 38
    forma, 38
    piè di pagina, 39

proposizione
    analitica, 16
    fallibile, 16
    ingenua, 17
    sintetica, 16

ricerca
    biblioteche, 31
    elementare, 11
    motori di ricerca, 32

scrivere
    numeri, 36
    punteggiatura, 36

software, 4
   LaTeX 2_ε, 6
   TeXLive, 6
   TeXworks, 6
   add-on, 32
   asincroni, 6
   formattazione, 5
   multipiattaforma, 6
   sincroni, 4
   tesi, 32
   wp, 4

tesi
   conclusione, 35
   dimensione, 43

domanda di laurea, 47
dottorato, 5, 45
esempio, 27
forma del testo, 35
idea, 10
indice, 13
introduzione, 35
ipotesi di lavoro, 10
organizzarsi, 47
originalità, 29
prova finale, 43, 46, 47
regole formali, 36
revisioni del tutor, 34
riassunto, 12
sommario, 13

Edito da EIF-e.Book (*www.eifebook.com*)
5ª edizione, Maggio 2014
ISBN 978-88-96639-20-7
Stampato e distribuito da Lulu Enterprises, Inc. (*www.lulu.com*)
860 Aviation Parkway, Suite 300
Morrisville, NC 27560 - U.S.A.

EXCLUDING AT WILL FOR SMALL STUFF:

*Disparate Application of Exclusionary
Disciplinary Policies in Massachusetts
Charter Schools*

CESAR J. BALDELOMAR

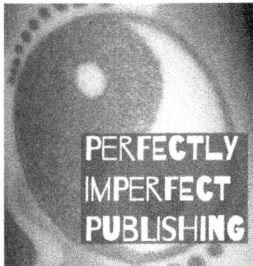

PERFECTLY IMPERFECT PUBLISHING

MIAMI, FL

Cesar J. Baldelomar & Perfectly Imperfect Publishing

All rights reserved.

ISBN: 0692416854

ISBN-13: 978-0692416853

DEDICATION

I dedicate this small book to all the men and women—boys and girls—who daily face microaggressions for the color of their skin, their religious and spiritual traditions, and the neighborhoods from which they come. The time has come, my brothers and sisters, to unite as one against those who tightly hold on to power precisely because of their inherent weakness, a weakness that prevents them from acknowledging the human dignity inherent in us all.

.

ACKNOWLEDGMENTS

There are many people to thank for the development of this article turned small book—but especially for the development of my thoughts on this and every other subject of interest to me. These people are too many to name in this section, but I would be remiss not to mention the following: my mother and father, my brothers, my nieces and nephews—thank you for giving the word "family" true meaning. Tamara Lawson for her continual encouragement and for allowing my voice to develop. Mark Jordan for his inspirational writing style, friendship, and unwavering concern for his students, past and present. Elisabeth Ferrero for opening me up to the several hidden dimensions of life and the cosmos. Katherine Boles for her dedication to education of the young and younger—and for her friendship that made my days at Harvard memorable. And to Hosffman Ospino for his friendship, countless conversations on a wide range of topics, and support for my dreams and aspirations. Thank you all for allowing me to develop into the thinker I am.

I would also like to thank my conversation partner and my love partner, Isabela, for the countless hours we spent debating various subjects (including the subject of this book). Without our conversations and without her love and support, this small book would not be a reality. And last, to all my past students, thank you for teaching me how to be a clear speaker and thinker.